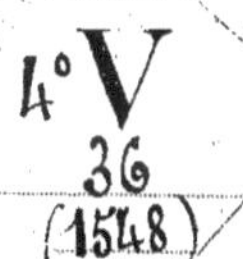

COLLECTION

EDGAR DEGAS

ESTAMPES

COLLECTION EDGAR DEGAS

ESTAMPES

6 et 7 Novembre 1918

CONDITIONS DE LA VENTE

Elle sera faite au comptant.

Les acquéreurs paieront *dix pour cent* en sus des enchères.

ORDRE DES VACATIONS

Le Mercredi 6 Novembre 1918

ESTAMPES............ Nos 1 à 160

Le Jeudi 7 Novembre 1918

ESTAMPES............ Nos 161 à 355

LE PRÉSENT CATALOGUE SE DISTRIBUE CHEZ

Me F. Lair-Dubreuil, Commissaire-Priseur, rue Favart, n° 6.

Me Edmond Petit, Commissaire-Priseur, rue Coquillière, n° 25.

M. Loys Delteil, Graveur et Expert, rue des Beaux-Arts, n° 2.

MM. Bernheim-Jeune, Experts, boulevard de la Madeleine, n° 25.

MM. Durand-Ruel, Experts, rue Laffitte, n° 16.

M. Ambroise Vollard, Expert, rue de Grammont, n° 28.

Me Henri Baudoin, Commissaire-Priseur, rue Grange-Batelière, n° 10.

(N° 358)

CATALOGUE

DES

ESTAMPES ANCIENNES

ET MODERNES

Œuvres de Bracquemond, Mary Cassatt, Daumier,

Eug. Delacroix, Gauguin, Gavarni, Ingres, Legros,

Manet, Berthe Morisot, Pissarro, Whistler, etc...

Composant la

Collection EDGAR DEGAS

dont la vente aux enchères publiques, après son décès, aura lieu

à Paris, à l'HOTEL DROUOT, Salle n° 6

Les Mercredi 6 et Jeudi 7 Novembre 1918, à deux heures

COMMISSAIRES-PRISEURS

Me Ch. DUBOURG, suppléant	Me DELVIGNE, suppléant
Me F. LAIR-DUBREUIL Rue Favart, n° 6 (mobilisé)	Me Edmond PETIT Rue Coquillière, n° 25 (mobilisé)

EXPERTS

M. Loys DELTEIL, rue des Beaux-Arts, n° 2

MM. BERNHEIM-JEUNE Boul. de la Madeleine, n° 25	MM. DURAND-RUEL Rue Laffitte, n° 16	M. Ambroise VOLLARD Rue de Grammont, n° 28

EXPOSITION PUBLIQUE

Le Mardi 5 Novembre 1918, de deux heures à six heures.

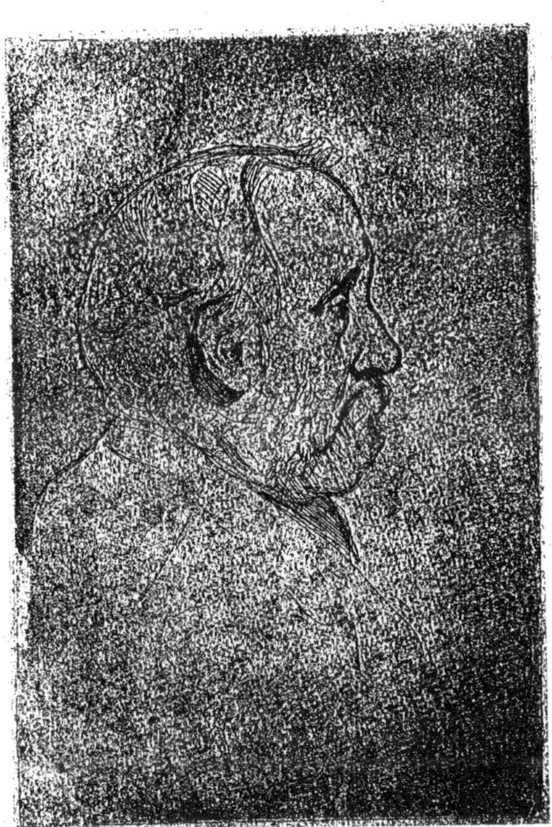

N° 16

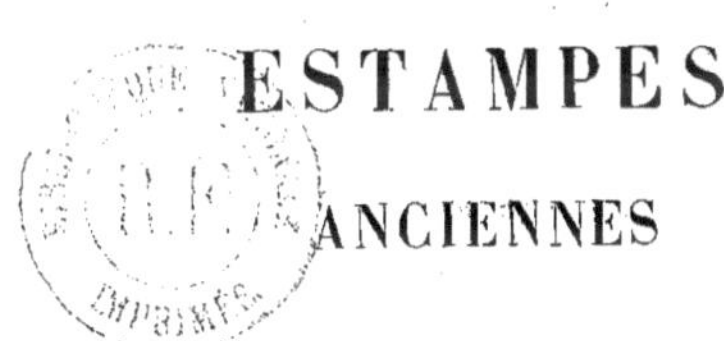

ESTAMPES ANCIENNES

EDELINCK (Gérard)

1. Charles d'Hozier, d'après H. Rigaud (R. D. 184).

Très belle épreuve (piqûres) Encadrée.

NANTEUIL (Robert)

2. Le Tellier (Michel), d'après Ph. de Champaigne.

Bonne épreuve.

NATTIER (d'après J. M.)

3. Marie Leczinska, par J. Tardieu.

Bonne épreuve.

REMBRANDT VAN RIJN

4. L'Œuvre de Rembrandt, 353 Reproductions.

(manque 25 pl.), soit 328 pièces dans le carton de publ.

ROWLANDSON (Th.)

5. Jockeyship, 1785.

Épreuve coloriée (salie).

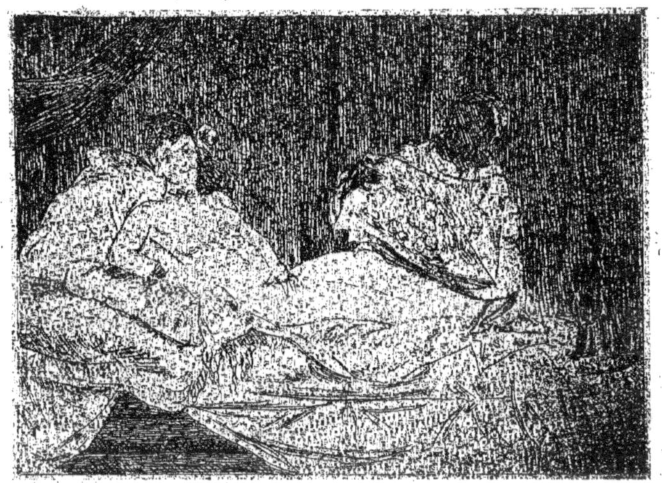

N° 256

ESTAMPES

MODERNES

BELLEROCHE (A.)

6. Femme nue en pied, se coiffant. — Buste de Femme. — Portrait d'homme à mi-jambes, assis.

Trois pièces.

BRACQUEMOND (Félix)

7. Erasme, d'aprés Holbein (H. Beraldi, 39).

Très belle épreuve, *avant toute lettre.*

BRACQUEMOND (Félix)

8. Goncourt (Edm. de) (54).

Belle et rare épreuve du 1er état, *à l'eau-forte pure*, avec dédicace.

9. La Tamise, prise de Limehouse, 1871 (203). — Un Canard.

Deux pièces. Très belles épreuves sur japon.

10. Trembles au bord de la Seine (218).

Belle épreuve sur japon pelure.

11. Le Vieux Coq (222).

Très belle épreuve, *avant les vers, signée et numérotée.*

12. Jeune Femme en costume espagnol, d'après Manet (279).

Très belle épreuve.

13. Boissy d'Anglas à la Convention, d'après Eug. Delacroix (341).

Superbe épreuve d'état, *signée*.

BROWN (John-Lewis)

14. Cerf au milieu d'une mare, bramant (G. Hediard 9). — Cavalier au cheval pie (10). — Programme pour la soirée du 23 mai (15). — Éventail du cirque Molier (14). — Cirque Molieros. — Cavaliers, etc...

Huit pièces (une encadrée).

15. Le Maréchal de Conflans. — Passage du Gué. — L'Estafette. — Un Lancier. — Cavaliers, etc...

Dix pièces. Belles épreuves.

CASSATT (Mary)

16. Degas (Edgar).

Très belle épreuve.

17. L'Aïeule.

Deux planches différentes. Épreuves d'*essai*.

18. L'Aiguille.

Essai.

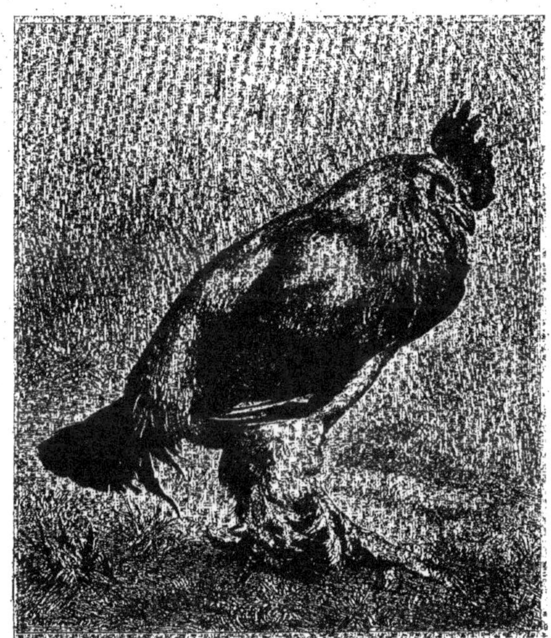

N° 11

CASSATT (Mary)

19. Au Jardin.

Très belle épreuve *d'essai.*

20. Au Jardin.

Composition différente. Très belle épreuve *d'essai.*

21. Au Théâtre (Jeune Femme à l'Éventail).

Série de 4 états. Très belles épreuves.

22. Le même sujet, planche différente.

Premier état.

CASSATT (Mary)

23. Au Théâtre.

Très belle épreuve *d'essai*.

24. Au Théâtre (la Lorgnette).

Lithographie. Très belle épreuve sur chine.

25. Les deux Amies prenant le thé.

Série de 4 états différents. Très belles épreuves.

26. Les deux Amies.

Très belle épreuve *d'essai*.

27. Devant l'Atre.

Deux états. Très belles épreuves.

28. Femme assise dans un Fauteuil.

Deux épreuves.

29. Femme en pied, assise dans un fauteuil.

Deux épreuves *d'essai*.

30. Jeune Femme à sa toilette.

1er état. Très belle épreuve.

31. Femme nue debout, de dos.

1er état. Très belle épreuve.

32. Femme nue à sa toilette.

Série de 3 états. Très belles épreuves.

33. Fillette assise sur un sofa.

Très belle épreuve.

34. Jeune Femme assise dans un fauteuil.

Petite planche. Série de 3 états. Très belles épreuves.

35. Jeune Femme assise dans un fauteuil.

Grande planche. Série de 6 épreuves d'états ou de tirages différents.

36. Jeune Femme assise dans un fauteuil.

Moyenne planche. Très belle épreuve *d'essai*.

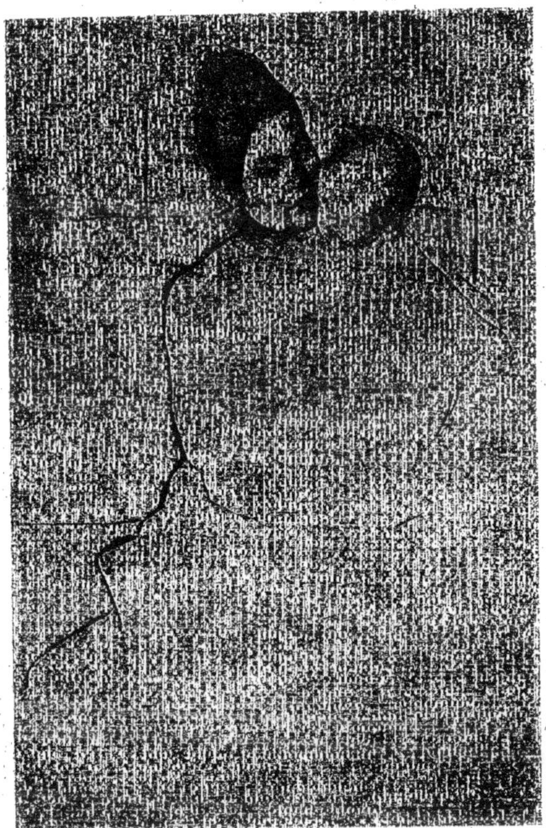

N° 51

CASSATT (Mary)

37. Le jeune Garçon au chat.

Très belle épreuve *d'essai.*

38. Jeune Femme à mi-jambes, de face.

Série de 5 états. Très belles épreuves.

39. Jeune Fille assise, en robe décolletée.

Très belle épreuve *d'essai.*

40. La jeune Mère.

Très belle épreuve. Encadrée.

41. La Lecture du soir.

Deux épreuves *d'essai.*

42. Le Liseur.

Eau forte et aqua-tinte. Très belle épreuve.

43. La Petite Famille.

Premier état.

44. La petite Fille au manteau de fourrure.

Très belle épreuve *d'essai.*

45. La petite Liseuse.

Très belle épreuve *d'essai.*

46. Le Sein.

Très belle épreuve. Encadrée.

47. La Songeuse.

2 états différents.

48. Sur l'Herbe.

Très belle épreuve *d'essai.*

49. La Tasse de thé.

Planche en largeur. Très belle épreuve d'*essai.*

50. Tendresse Maternelle.

Très belle épreuve; *imp. en couleurs.*

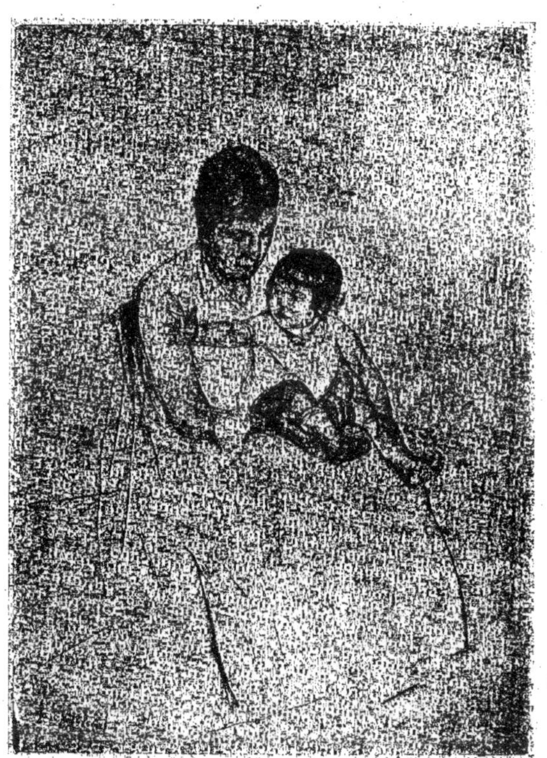

N° 52

CASSATT (Mary)

51. Tendresse Maternelle, planche différente.

Très belle épreuve *d'essai*.

52. La Toilette de l'Enfant.

Très belle épreuve. Sous-verre.

53. La Tricoteuse.

Très belle épreuve.

54. La Visite.

Série unique de treize états.

55. La Lecture. — Femme en pied. — Jeune Femme assise.

Quatre pièces, épreuves d'*essai*.

56. Portrait d'Homme, assis dans un fauteuil.

Trois épreuves d'*essai* (deux d'état différent).

57. Bustes d'Enfants.

Cinq pièces très rares. Épreuves *d'essai*.

58. Réunion de treize épreuves d'essai, de planches restées pour la plupart inachevées.

CHASSERIAU (Théodore)

59. Sujets divers et Portraits.

Quinze pièces, par et d'après Th. Chasseriau.

COROT (J. B. C.)

60. Paysage d'Italie (L. Delteil 7).

Belle épreuve.

DAUMIER (Honoré)

61. Un rentier des bons royaux. — Un rentier des Cortès. — (Hazard et Loys Delteil 272).

Très belle épreuve sur chine.

62. La même Estampe.

Belle épreuve.

DAUMIER (Honoré)

63. Celui-là, on peut le mettre en liberté !... (270). — Baissez le rideau, la farce est jouée (271). — Moderne Galilée (278).

Trois pièces. Belles épreuves.

64. Le Ventre Législatif (306).

Belle épreuve sur chine.

65. Très hauts et très puissans Moutards... (307).

Belle épreuve.

66. Ne vous y frottez pas !! (308).

Très belle épreuve sur chine.

67. La même Estampe.

Belle épreuve.

68. Enfoncé La Fayette !... (309).

Belle épreuve sur chine.

69. Rue Transnonain, le 15 avril 1834 (310).

Très belle épreuve sur chine (petite cassure en marge).

70. Portraits-charges.

Réunion de 55 pièces extraites de *La Caricature* et du *Charivari*.

71. Planches de « La Caricature ».

Réunion de 51 pièces (plusieurs manquent de fraicheur).

72. Paris le 1er Janvier (427).

Très belle épreuve du 1er état, RRR, *avant la lettre*.

73. A l'eau !... (495). — V'la, v'la l'coco !... (564). — Je suis content de vous, mes braves ! (573). — Enfoncé le tiers parti !... (449).

Quatre pièces. Belles épreuves.

74. La Crise actuelle complique l'horizon... (568).

Très belle épreuve, *coloriée*.

75. Les Bas-bleus, pl. 5 (689).

Très belle épreuve du 1er état RRR, *avant la lettre*.

DAUMIER (Honoré)

76. Les Beaux Jours de la Vie, pl. 51 à 56, 58, 63 à 69, 71, 77 à 81, 83, 88, 91 à 93, 95 et 96 (775 et suiv.), soit vingt-sept pièces.

Belles épreuves.

77. Les Bons Bourgeois (854 et suiv.), pl. 1, 3, 8, 14, 19, 23, 25, 26, 28, 32, 44, 45, 47, 51 et 61. — Les Bons Bourgeois, pl. 1 (946). — Les Bons Bourgeois, pl. seule (945), soit dix-sept pièces.

78. Canotiers Parisiens, pl. 2 (970).

Très belle épreuve du 1er état RRR, *avant la lettre.*

79. Canotiers Parisiens, pl. 5 (973).

Belle épreuve du 1er état RRR, *avant la lettre.*

80. L'Héritier présomptif (1160).

Belle épreuve du 1er état, RRR, *avant la lettre.*

81. La Comédie humaine, pl. 3 (1161).

Très belle épreuve du 1er état, RRR, *avant la lettre.*

82. Cours d'Histoire Naturelle, pl. 6 (1208).

Très belle épreuve du 1er état, RRR, *avant la lettre.*

83. Croquis d'Expressions (1371 et suiv.), pl. 14, 16, 19, 21 et 23 à 25, soit sept pièces.

Belles épreuves.

84. Les Divorceuses, pl. 1 (1580).

Très belle épreuve du 1er état, RRR, *avant la lettre.*

85. Les Étrangers à Paris (1711 et suiv.), pl. 1 à 6 et 8 à 12, soit onze pièces.

Belles épreuves.

86. Télémaque interrogé par les Sages (1942).

Très belle épreuve du 1er état, RRR, *avant la lettre.*

87. Histoire Ancienne, pl. 44 et 50 (1944 et 1950).

Deux pièces. Belles épreuves du 1er état, RRR, *avant la lettre.*

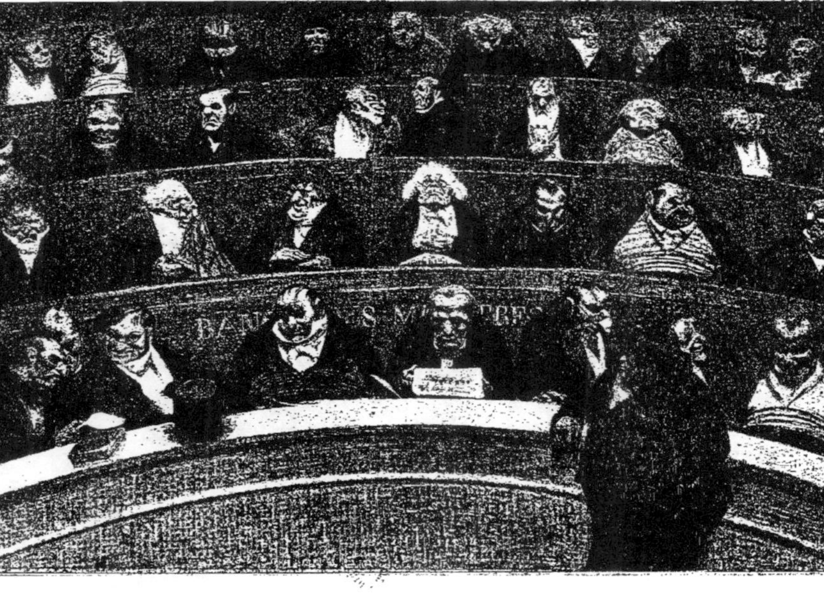

N° 64

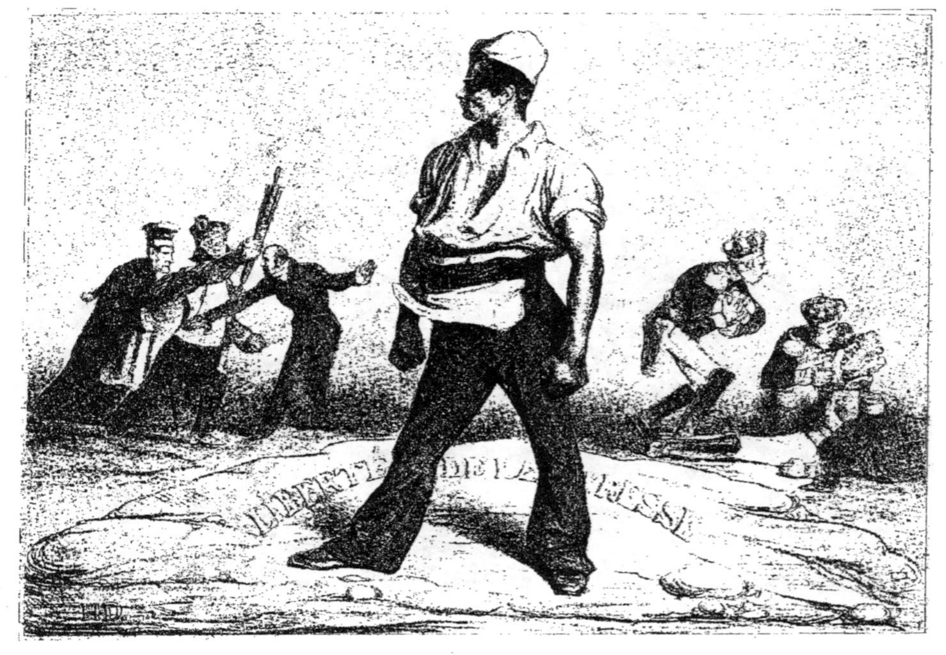

N° 66

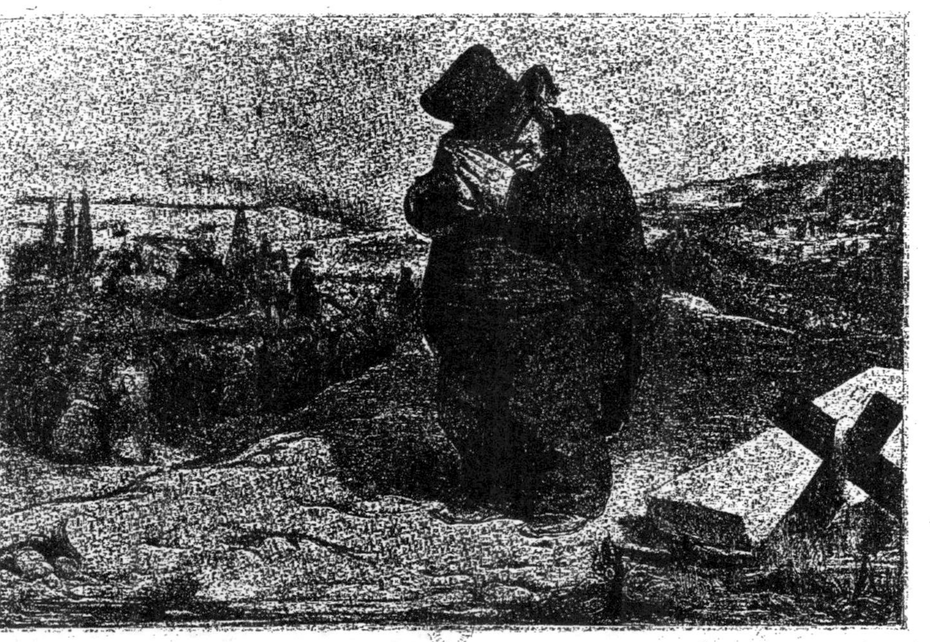

N° 68

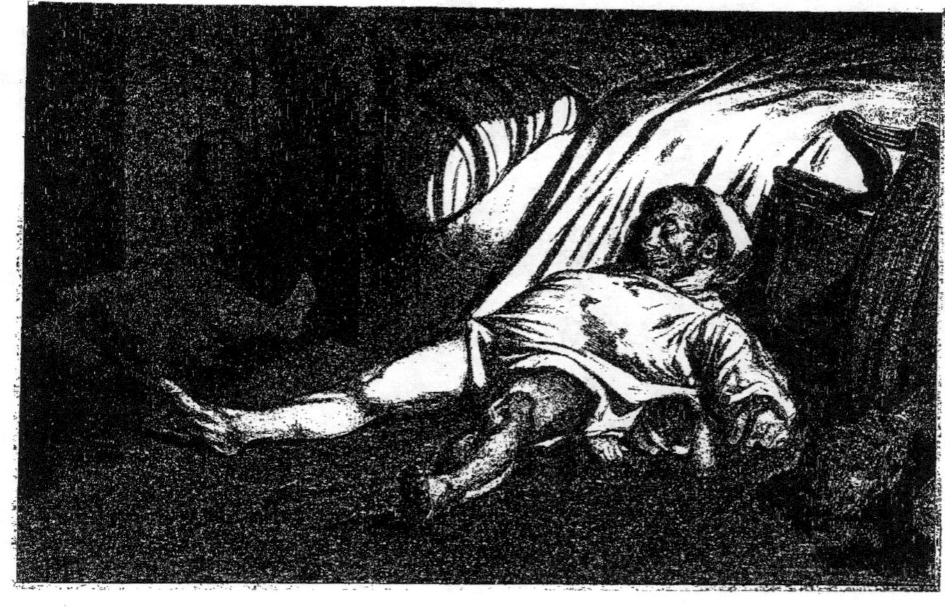

N° 69

DAUMIER (Honoré)

88. La Mort de Sapho (1949).

Très belle épreuve du 1er état, RRR, *avant la lettre.*

89. Les Parisiens en 1852 (2186 et suiv.), pl. 2, 3, 5, 6, 10 et 11, soit six pièces.

Belles épreuves.

90. Une Charge déplacée, Pastorales, pl. 11 (2226).

Très belle épreuve du 1er état, RRR, *avant la lettre.*

91. Pastorales, pl. 13 (2228).

Superbe épreuve du 1er état, RRR, *avant la lettre.*

92. Tout ce qu'on voudra, pl. 50 (2635).

Très belle épreuve du 1er état, RRR, *avant la lettre.*

93. Ex-Membres de l'Ex-Société de l'ex-dix-décembre (2782).

Très belle épreuve du 1er état, RRR, *avant la lettre.*

94. A Naples, 1re planche inédite (2899).

Très belle épreuve. De toute rareté.

95. Actualités. — Voyage en Chine.

Cinq pièces. 1er état, RRR, *avant la lettre.*

96. Album Comique: Les Baigneurs, les Canotiers parisiens, Plaisirs des Champs-Élysées.

25 pl. en 1 alb. in-4 broch. (les nos grattés).

97. Album Comique: Robert Macaire, Mœurs conjugales.

25 pl. en 1 alb. in-4 broch. (les nos grattés).

98. Album Comique: La Journée du Célibataire, les Musiciens de Paris, les Banqueteurs, etc.

24 pl. en 1 alb. in-4 broch. (les nos grattés).

99. Album Comique: Émotions Parisiennes.

25 pl. en 1 alb. in-4 broch. (les nos grattés).

DAUMIER (Honoré)

99 bis. L'Annonce et la Réclame, pl. 1. — Les Bons Bourgeois, pl. 29. — Actualités.

Douze planches. Belles épreuves (9 *coloriées*).

100. Caricatures politiques et Scènes de Mœurs.

Dix pièces, une *avant la lettre* (manquent de fraîcheur).

100 bis. Caricaturana. — Actualités. — L'Imagination, etc.

Vingt-cinq pièces (9 *coloriées*).

101. Types Parisiens. — Les Bas-bleus. — Croquis Aquatiques. — Gens de Justice. — Émotions parisiennes, etc.

Trente et une pièces. Belles épreuves.

102. Beaux Jours de la Vie. — La Comédie Humaine. — Croquis Dramatiques. — Actualités, etc.

Quarante-huit pièces.

103. Réunion de trois cent trente pièces appartenant à diverses séries et extraites du *Charivari*.

DE DREUX (Alfred)

104. Divers sujets de Chevaux.

Dix-huit lithographies.

DEGAS (d'après Edgar)

105. Buste de Femme, 1873.

Photographie retouchée aux crayons de couleurs.

105 bis. Danseuse à mi-corps, par A. Clot.

Très belle épreuve *d'essai*, *avant* les mots : *fac-similé*, etc. *tirée en couleurs*.

106. 15 Lithographies d'après Degas, par G. W. Thornley. Tirage à 100 exemplaires. — Paris, Boussod, s. d.

Suite de 15 pl. tirées en divers tons, dans le cartonnage de publication.

106 bis. Sujets de Danseuses et Scènes diverses.

Réunion de 53 pièces (y compris des essais et des doubles) par G. W. Thornley.

DELACROIX (Eugène)

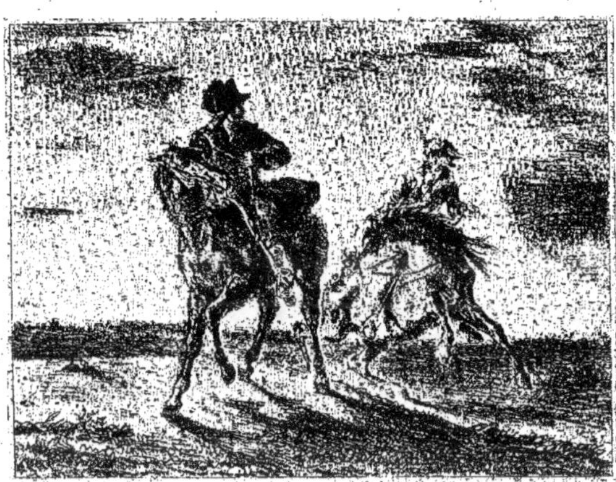

N° 115

107. Mme Frédéric Villot (Loys Delteil, 13).

Très belle épreuve.

108. Un Seigneur du Temps de François Ier (16).

Très belle épreuve du 2e état (sur 5).

109. Tigre couché dans le désert (24).

Très belle et rare épreuve du 3e état (sur 6) *avant* la signature.

110. Feuille de dix Médailles antiques (42).

Très rare. Cette lithographie donnée jusqu'à ce jour à Delacroix, est en réalité de **Gillot St-Èvre**, qui l'a signée de ses initiales. De plus, notre épreuve porte en marge l'inscription *manuscrite* suivante ; *M. St-Evre 1 pierre de* 9-12 12-15.

111. Médailles antiques (43-47).

Cinq pièces. Belles épreuves de 1er tirage, *avec* l'adresse d'Engelmann.

112. Faust et Méphistophélès dans les montagnes du Hartz (71).

Très belle et rare épreuve du 2e état, *avant la lettre*, sur chine.

DELACROIX (Eugène)

113. Cheval sauvage (78).

Deux épreuves, une du 1er état, *avant la lettre.*

114. Lion de l'Atlas (79).

Belle épreuve.

115. Steenie (88).

Très belle et fort rare épreuve du 1er état.

116. La Sœur de Duguesclin (81).

Très belle et rarissime épreuve du 1er état, sur chine.

117. Goetz de Berlichingen (119-125).

Suite complète de sept lithographies : 119, 1er état R. 120, 2e état RR, 121, 3e état, 122, 2e état R, 123, 2e état RR, 124, RRR, 125, 1er état RRR. Très belles épreuves sur chine.

118. Delacroix, par Gigoux. — Juive d'Alger. — Lion dévorant un cheval. — Médailles, etc.

Huit pièces.

DELATRE (Auguste)

119. Douze Eaux-Fortes et Pointes sèches, 1877.

12 pl. dans la couv. de publ. On y a joint 2 autres pl. (une avec dédicace).

DESBOUTIN (M.)

120. La Sortie de Bébé. — Portraits d'Enfants.

Cinq pièces.

FANTIN-LATOUR (H.)

121. Le Musicien, 1877 (G. Hédiard 13).

Belle épreuve sur chine, *avec dédicace.*

FORAIN (J. L.)

122. Une Fille. Monotype.

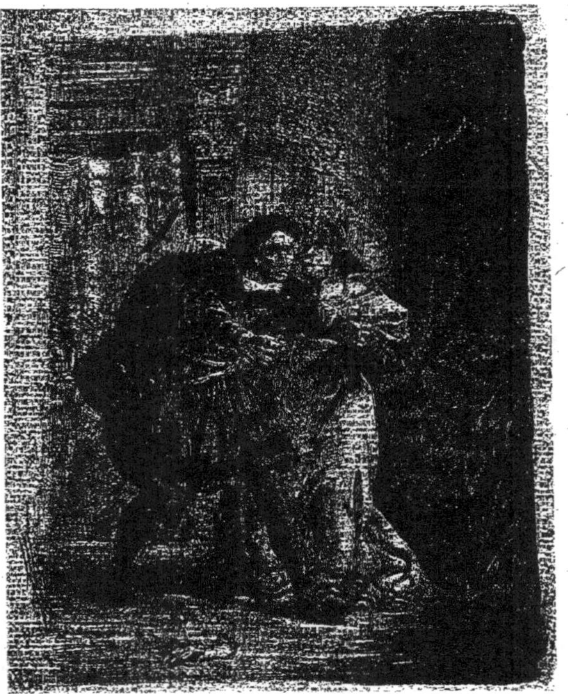

N° 117

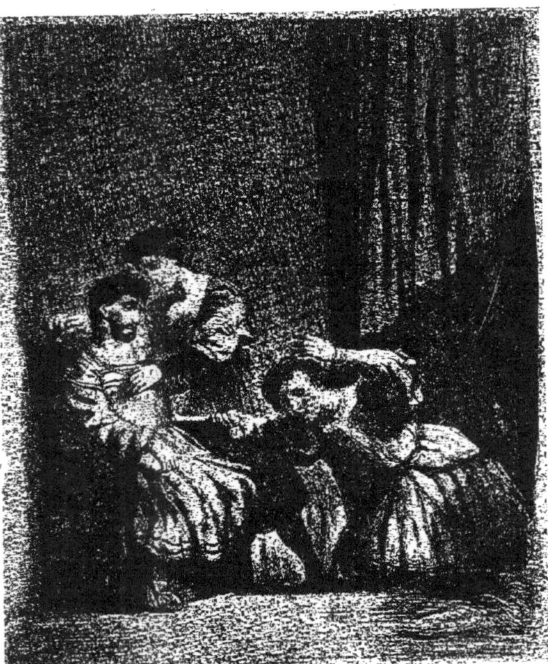

N° 117

GAUGUIN (Paul)

123. La Vierge et l'Enfant.

Monotype en couleurs.

124. Le Bain.

Monotype en couleurs. Sous-verre.

125. La Case, Taïti.

Monotype en couleurs. Sous-verre.

126. Taïti.

Monotype en couleurs. Encadrée.

127. Parau no Varua.

Deux Monotypes en couleurs, variantes de la même composition. Sous-verre.

128. L'Univers est créé. — Marcoru. — Auti te papete alua. — Te Po. — Mahna no varna ind. — Manao tupapæ. — Te Faruru, etc.

Série de dix gravures sur bois. Très belles épreuves, la plupart *tirées en plusieurs tons*, et remontées sur papier bleu.

GAVARNI

129. Anonyme (M. de Bourmancé) (M. et E. B. 4 RRR).

Deux belles épreuves (une sur chine).

130. Ch. Chandellier (17 RRR). — Thenot (65 RR). — Villenave (71 RRR).

Trois pièces. Belles épreuves (une sur chine).

131. Fortunata Tedesco (64 RRR).

Très belle épreuve du 1er état.

132. Mélodies de Mme Gavarni (146-155).

Suite complète de 10 pl. (2e état).

133. Scènes de genre.

52 pl. extraites de *l'Artiste*.

134. La Boîte aux lettres (348 et suiv.), 12 pl., (y compris un double avant la lettre) sur 34. — Des phrases (264-267), 4 pl. — Le Chevalier de Nogaroulet (423-428), 6 pl. — M. Loyal (872-876), pl. 1, 2, 4, 5 et 6.

Ensemble 27 pièces.

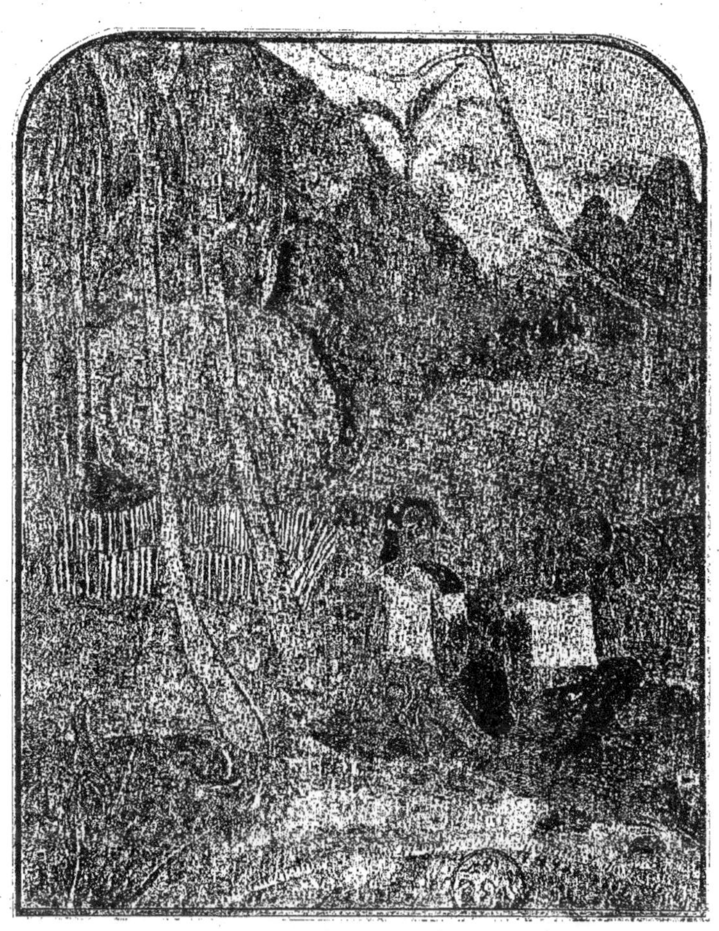

N° 126

GAVARNI

135. Le Carnaval à Paris (398 et suiv.).

46 pl. (y compris des doubles).

136. Clichy (429 et suiv.).

18 pl. (sur 21). On y a joint 5 épreuves *d'essai*, sans marge.

137. Les Débardeurs (486-542).

Suite de 66 pl. incomplète des pl. 4, 5, 7, 8, 9, 11, 14, 18, 21, 24, 42, 55, soit 54 pièces. auxquelles on a joint plusieurs doubles et épreuves *d'essai*, (sans marge).

138. Éloquence de la chair (544-564).

7 pl. *avant la lettre* et 15 essais, sans marge, soit 22 pièces. Belles épreuves.

139. Les Enfants terribles (565-613).

Suite de 50 pl. (y compris le frontispice), incomplète des pl. 2, 4, 5, 6, 8, 11, 12, 15, 16, 18 à 21, 31, 34, 36, 44, 45, 49, soit 51 pl. auxquelles on a joint 6 *essais* (sans marge). Ensemble 57 pièces.

140. Les Étudiants de Paris (614-661).

Suite de 60 pl., incomplète des pl. 8, 15, 14, 24, 29, 49, 51 à 54, 56 à 59, soit 43 pièces. la plupart en belles épreuves.

141. Fourberies de Femmes en matière de sentiment, 2e série (662-702).

Suite de 52 pl. incomplète des pl. 1, 5, 42, soit 49 pl. auxquelles on a joint 18 épreuves *d'essai*, sans marge (sauf 3). soit ensemble 67 pièces.

142. Impressions de Ménage, 1re série (704 et suiv.).

22 pl. (sur 30), épreuves *d'essai*, sans marge. On y a joint 5 pl. avec la lettre.

143. Leçons et Conseils (741-760).

Suite complète de 20 pl. auxquelles on a joint un essai (sans marge).

144. Les Lorettes (763 et suiv.).

28 pl. *avant la lettre* RR, la plupart en très belles épreuves.

145. La même série.

Réunion de 57 pl. la plupart *d'essai* (sans marge), plusieurs doubles.

146. Paris le soir (914 et suiv.).

26 pl. y compris plusieurs doubles et épreuves *d'essai*, sans marge.

GAVARNI

147. Transactions (958-964), suite complète de 7 pl. — Un Couplet de Vaudeville (965 et suiv.), pl. 1 à 3. — Les Patrons, pl. 1 (1140) 1er état.

Onze pièces.

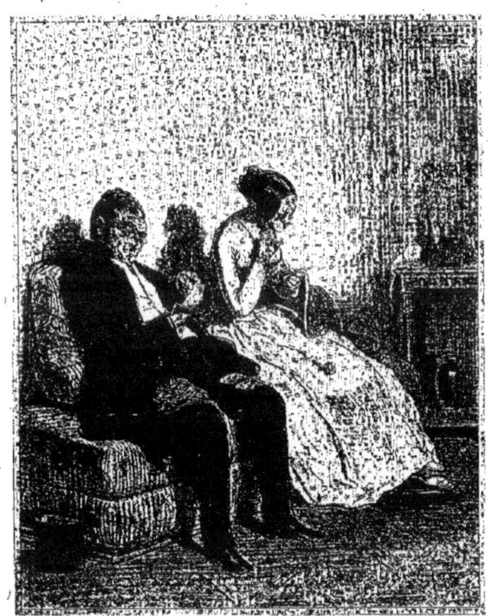

N° 144

148. La Vie de jeune Homme (971-997).

Suite de 36 pl. incomplète des pl. 7, 16, 26, 27, soit 32 pl. auxquelles on a joint 12 épr. d'*essai* sans marge, ensemble 44 pièces.

149. Affiches illustrées (998-1003).

Suite complète de 6 pl., *avant la lettre*. On y a joint une épr. avec la lettre de la pl. 5.

GAVARNI

150. Carnaval (1024-1068).

Suite complète de 50 pl. auxquelles on a joint 28 pl. épreuves d'*essai*, sans marge, soit 78 pièces.

151. La même série, pl. 3, 5, 8, 11, 16, 22, 34, 38, 42 et 50.

10 pièces *avant la lettre* RR.

152. Impressions de Ménage, 2e série (1090 et suiv.).

8 pl., *avant la lettre* (deux avec annotations de la main de Gavarni).

153. La même série.

17 pl. épreuves *d'essai*, sans marge.

154. Les Parents terribles (1129). — Les Parents terribles (1420 et suiv.).

Dix planches (6 *avant la lettre*) y compris un double.

155. Le Parfait créancier (1130-1139).

Pl. 1, 2, 3, 5 à 8, soit 7 pl., (sur 10), une *avant la lettre.*

156. Les Anglais chez eux (1239-1256).

12 pl. (d'une suite de 20). Belles épreuves, *avant la lettre.*

157. Bohêmes (1257 et suiv.).

10 pl. (sur 20) (six sont *avant la lettre,* dont 3 sur chine).

158. Ce qui se fait dans les meilleures Sociétés pl. 1, 4 et 6 (1277 et suiv.).

3 pl. *avant la lettre.* On y a joint les pl. 1, 4 à 8 et 10, avec la lettre, soit dix pièces.

159. Études d'Androgynes (1282-1291).

6 pl. (sur 10) *avant la lettre,* une en double, soit sept pièces.

160. La Foire aux Amours (1292 et suiv.).

Pl. 2, 3, 4, 7, 8 et 10 (4 *avant la lettre*). Belles épreuves.

161. Histoire d'en dire deux (1302 et suiv.).

5 pl. (sur 10), *avant la lettre.*

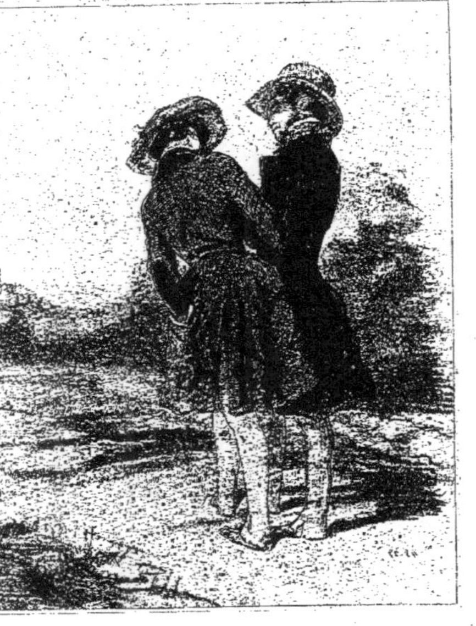

N° 177

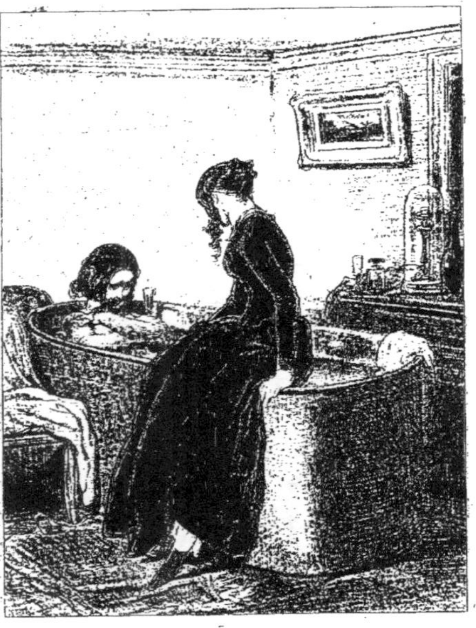

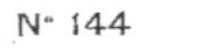

N° 144

GAVARNI

162. Histoire de politiquer (1312-1337).

12 pl. *avant la lettre* (y compris un double) (six sur chine). On y a joint les pl. 4 à 20 avec la lettre.

163. Les Invalides du Sentiment (1338 et suiv.).

Neuf pl. (d'une suite de 30), *avant la lettre* (deux sur chine).

164. Les Lorettes vieillies, pl. 14, 19, 23 et 24 (1376 et suiv.).

4 pl. Très belles épreuves, *avant la lettre.*

165. Les Maris me font toujours rire (1390 et suiv.).

Pl. 3, 4, 8, 11, 12, 13, 15, 17, 18, 20, 22, 30, soit douze pièces. Belles épreuves, *avant la lettre,* la plupart sur chine.

166. Les Partageuses (1437 et suiv.).

Pl. 15, 22, 23, 25, 28, 30 à 36, soit douze pièces. Belles épreuves, *avant la lettre.*

167. Piano (1486-1493).

5 pl. *avant la lettre.* (2 sont en double sur chine), soit sept pièces.

168. Les Propos de Thomas Vireloque, pl. 11, 15 et 17 (1494 et suiv.).

3 pl. *avant la lettre.*

169. Musiciens comiques et pittoresques (1512 et suiv.).

1re série (manque 3 pl.) Vingt-huit pièces, y compris 3 doubles en 1er état, *avant la lettre.*

170. Physionomie des Chanteurs (1540 et suiv.).

27 pl. y compris plusieurs doubles (4 sont *avant la lettre*).

170 bis. D'après nature, par Gavarni, texte par MM. Jules Janin, Paul de St-Victor, etc., (1589-1628).

40 pl. divisées en 4 livraisons (dizains), couv. de publ. (piqûres).

171. Études d'Enfants (1716-1725).

Suite complète de 12 pl.. Deux séries.

172. Parci-par-là (1800-1849).

49 pl. (sur 50) (manque la pl. 48). On y a joint 5 pl. *avant la lettre,* soit 54 pièces.

GAVARNI

173. **Physionomies Parisiennes (1850-1899).**

Suite complète de 50 pièces.

174. **La même série.**

18 pl. *avant la lettre*, la plupart sur chine.

175. **Petits Jeux de Société (1974 et suiv.), pl. 1, 2, 4 et 6. — Souvenirs de Carnaval (2016-2022); 6 pl.**

Dix pièces.

176. **Gavarni's studies (1995-2000 RRR).**

Suite complète de 6 pl. Belles épreuves *tirées sur teinte*.

177. **(Causerie au Bal Masqué). — (C'est à ne pas croire, n'est-ce pas). (En Vérité?...) (2158-2160 RRR).**

Trois lithographies *inédites*. Fort rares.

178. **Souvenirs du Bal Chicard (2272 et suiv.).**

Suite de 20 pl. (manque les pl. 1 et 5), soit 18 pièces.

179. **Journal des Gens du Monde (2348 et suiv.).**

23 planches, la plupart coloriées.

180. **Album Travesti (ou Travestissements).**

Couverture (rare) et 10 pl. (sur 12) (2627 et suiv.) Belles épreuves.

181. **L'Homme du Monde, par Humann (2650).**

Très belle et très rare épreuve du 1er état, *avant la lettre*.

182. **Masques et Visages.**

Dix pièces, *avant la lettre*.

183. **Douze pièces appartenant à diverses séries.**

Épreuves *avant la lettre*, RR. (3 sur chine).

184. **Baliverneries Parisiennes. — Faits et gestes des propriétaires. — D'Après Nature, etc.**

Treize pièces. Belles épreuves, *avant la lettre* (une avec *légende* de la main de Gavarni).

GAVARNI

185. Sujets divers.

Planches *inédites*, la plupart non terminées. Dix-neuf pièces. Très belles épreuves.

186. Faits et gestes du propriétaire. — Les petits Bonheurs. — Masques et Visages, etc.

Vingt-quatre pièces, *avant la lettre.*

187. Isabey (J.-B.). — Sauvage (Fc). — La Croix de Jésus. — Un Cabinet chez Pétron. — Vois mon mari derrière !

Cinq pièces.

188. Les Actrices. — Les Martyrs. — Politique des Femmes. — Des Mères de Famille. — Les Muses, etc.

Trente et une pièces.

189. Les Blanchisseuses (RR). — Journal des Jeunes Personnes. — Les Premières œuvres de Gavarni. — Séries diverses.

59 pièces.

190. Scènes de Mœurs.

Réunion de 65 pièces par et d'après Gavarni.

191. Nuances du Sentiment. — Paris le matin. — Les Étudiants de Paris. — Masques et Visages. — Les Artistes Contemporains, etc.

80 pièces.

192. Costumes. — Scènes de mœurs.

82 pièces.

193. Costumes d'Hommes. — Les Patrons. — Les Partageuses, etc.

100 pl. En partie en tirage à part.

194. Masques et Visages.

Réunion de 126 pièces (y compris des doubles).

195. Planches extraites de « La Mode ».

55 pl. par Nargeot, Pollet, etc... coloriées.

196. Réunion d'environ 280 pièces.

Extraites du *Charivari*.

GÉRICAULT (J. L. Th.)

197. Diverses Études de Chevaux.

Dix pièces.

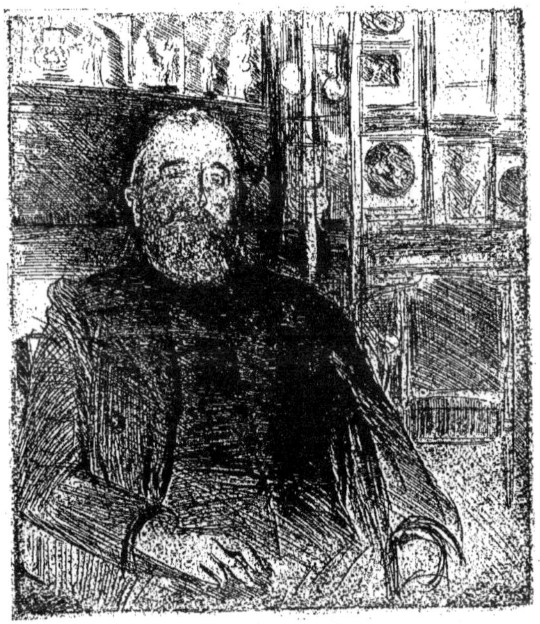

N° 198

HELLEU (Paul)

198. Alexis Rouart.

Très belle épreuve avec dédicace de Rouart, à Degas. *Signée.*

HERRING (d'après J. D.)

199. Racing, plate 1. Saddling, par J. Harris et Summers.

Épreuve tirée *en 2 tons et coloriée.*

INGRES (J. D. A.)

200. **Gabriel Cortois de Pressigny, (Loys Delteil 1).**

Seule eau-forte du Maître. Très belle épreuve, piquée.

201. **Contre-épreuve de la pièce précédente.**

Encadrée.

202. **Frédéric Sylvester Douglas, 2e planche (6).**

Belle épreuve. Très rare. Encadrée.

203. **Portrait d'Homme (le Bon de Norvins) (7).**

Très belle épreuve (piqûres). Rare.

204. **Odalisque (9).**

Épreuve encadrée.

205. **Bartholini, par J. L. Potrelle.**

Très belle épreuve. Encadrée.

206. **L. F. Bertin, par Henriquel-Dupont.**

Épreuve *non terminée*, sur chine.

207. **Mme Granger, par Félix Bracquemond (56).**

Très belle épreuve du 1er état, *avec* dédicace. Encadrée.

208. **Forbin (Cte de). — Granet (Chevalier).**

Deux pièces par Marius Reinaud. Très belles épreuves, *tirées sur teinte.*

209. **Paganini, par L. Calamatta.**

Très belle épreuve, *tirée sur teinte.*

210. **Mallet, Ingénieur, par Boucheron.**

Très belle épreuve. Encadrée.

211. **Ingres, par Calamatta. — Gatteaux, par Dien. — La Semaine. — Portraits divers. — La Belle Feronnière, de L. de Vinci, etc...**

Vingt-trois pièces.

212. **Sujets divers. — Portraits, études de figures.**

Un album factice contenant environ 140 photographies d'après les peintures et dessins du Maître.

213. **Quatre fac-simile et photographies.**

Encadrés ou sous verre.

JEANNIOT (G.)

214. Le Conseil de révision.

Belle épreuve, *signée*. On y a joint une 2e épreuve incomplète.

JEANRON (André) — Guérard (H.) — LEPIC

214 bis. Les Anes. — Azor. — Aveugle. — Pan, etc.

14 pièces.

KEENE (Charles)

215. Illustrations.

Seize pièces, tirage à part du *Punch*?

LEGROS (Alphonse)

216. Tête de Modèle (Th. et P. M. 26).

Très belle épreuve sur japon.

217. Tête de Modèle (27).

Très belle épreuve sur japon. Rare.

218. Paysan Breton (29).

Très belle épreuve *avant* la pl. réduite.

218 bis. Champfleury (35).

Belle épreuve sur chine.

219. Les Pêcheurs d'écrevisses (74).

Très belle épreuve.

220. La Lecture de l'Office (64).

Épreuve rehaussée de couleurs par l'artiste.

221. La Mort de St-François (56). — Tête de jeune Fille (36).

Deux pièces. Belles épreuves.

222. La Mort dans le poirier (140 - 3e état). — Le Vieil Espagnol (21). — Paysage, Monotype.

Trois pièces.

223. Gambetta (Léon) (179).

Très belle épreuve, *signée*.

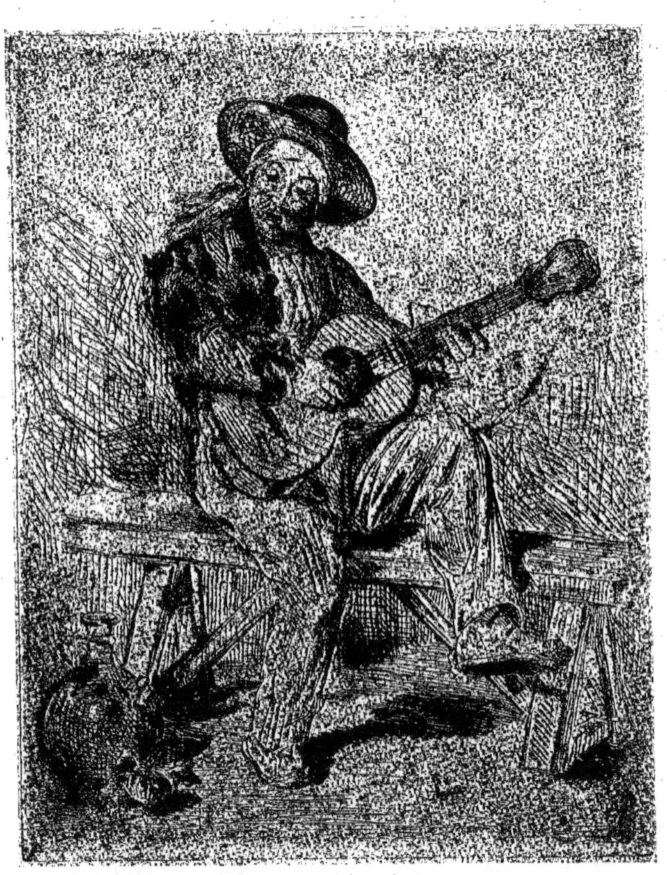

N° 230

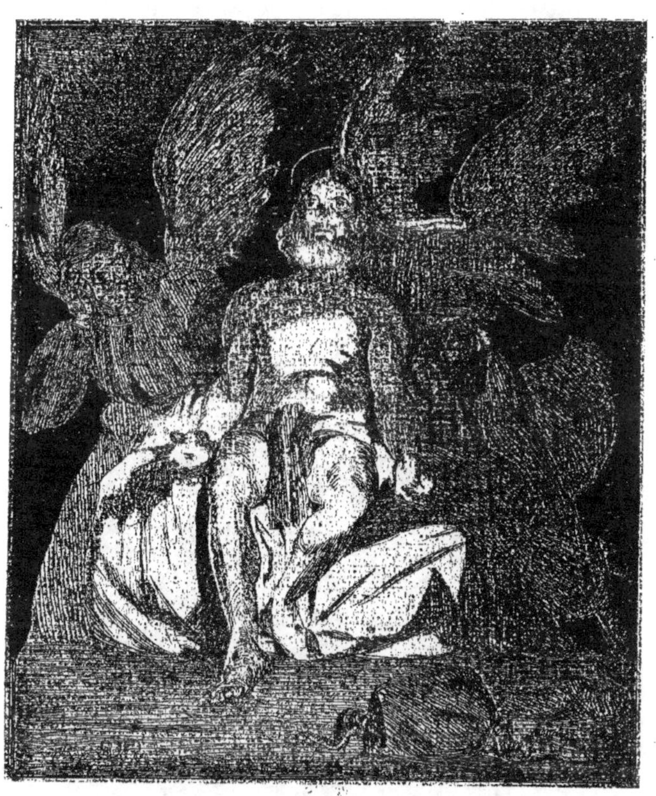

N° 266

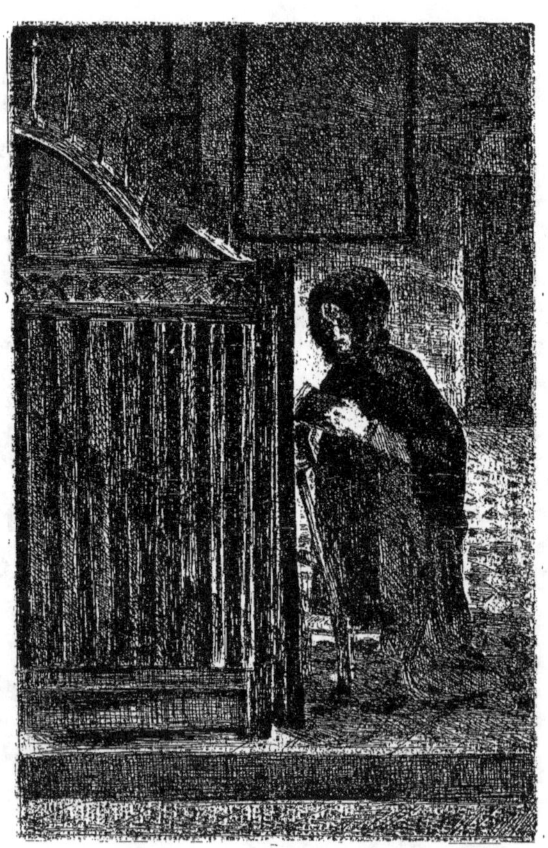

N° 265

MANET (Édouard)

224. Chapeau et guitare, frontispice (E. Moreau-Nélaton 1).

Très belle et fort rare épreuve du 1er état, au grand cuivre, *avec* dédicace de Manet à Ch. Baudelaire.

225. Les Gitanos (2).

Très belle épreuve du 2e état, *avant la lettre*, sur chine volant.

226. Lola de Valence (3).

Très belle et fort rare épreuve du 1er état, à *l'eau-forte pure*.

227. La même estampe.

Très belle et très rare épreuve de 2e état, *avant* le fond d'aqua-tinte, sur chine volant.

228. La même estampe.

Très belle épreuve du 3e état, *avant* les adresses.

229. La même estampe.

Très belle épreuve du même état, *tirée en bistre.*

230. Le Guitariste (4).

Très belle et fort rare épreuve du 1er état, à *l'eau-forte pure*.

231. La même estampe.

Superbe épreuve du 3e état, *avant* le nom de Delâtre.

232. La même estampe.

Deux belles épreuves du 4e état (sur 5) avec l'adresse (une tirée de *l'Artiste*).

233. Le même sujet.

Eau-forte par **Alph. Legros**, Très belle épreuve.

234. Les Petits Cavaliers, d'aprés Velasquez (5).

Très belle et très rare épreuve du 2e état.

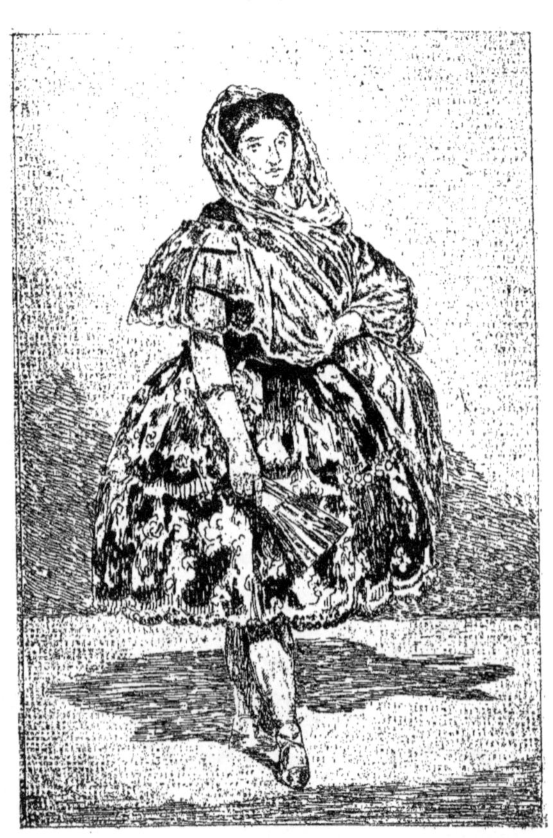

N° 226

MANET (Édouard)

235. La même estampe.

Très belle épreuve du 3e état.

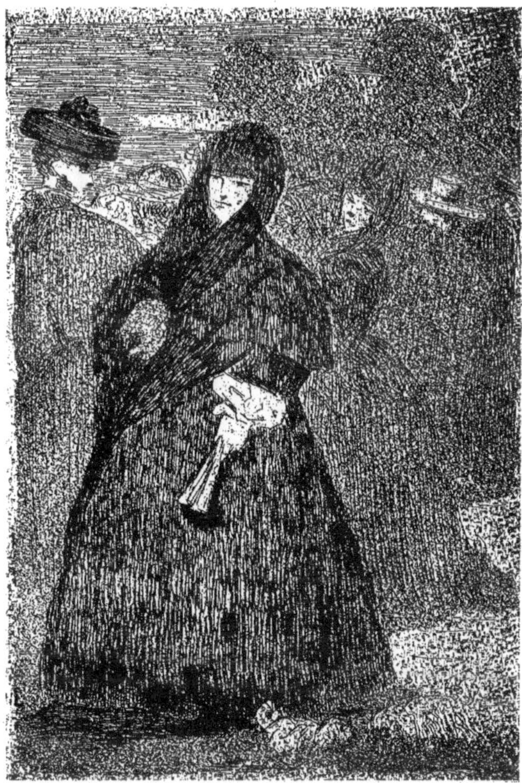

N° 267

236. Philippe IV, d'après Velasquez (6).

Très belle et rare épreuve du 2e état (sur 6).

MANET (Édouard)

237. La même estampe.

Très belle épreuve du 4e état.

238. L'Espada (7).

Très belle épreuve sur chine volant.

239. Le Buveur d'absinthe (8).

Très belle épreuve.

240. La Toilette (9).

Superbe épreuve du 2e état (seul décrit).

241. Le Garçon et le chien (10).

Très belle épreuve de l'ancien tirage.

242. Le Gamin (11).

Très belle épreuve du 2e état.

243. La Petite Fille (12).

Très belle épreuve du 2e état.

244. Le Torero mort (13).

Superbe épreuve du 2e état (sur 5).

245. La même estampe.

Très belle épreuve du même état.

246. L'Infante Marguerite, d'après Velasquez (14).

Très belle épreuve sur japon.

247. Charles Baudelaire, de profil (15).

Deux belles épreuves des 1er et 2e états, sur japon.

248. Charles Baudelaire, de face (16).

Très belle épreuve du 2e état, *avant* divers travaux; la banderole en marge est esquissée à la sanguine par Manet.

249. La même estampe.

Très belle épreuve avec la banderole gravée.

250. Olympia (17).

Superbe épreuve du 3e état (sur 4), tirée sur papier ancien.

MANET (Édouard)

251. Fleur exotique (18).

Très belle épreuve.

252. Le Chat et les Fleurs (19).

Deux épreuves, dont une très belle du 1er état, *avant la lettre*, sur japon.

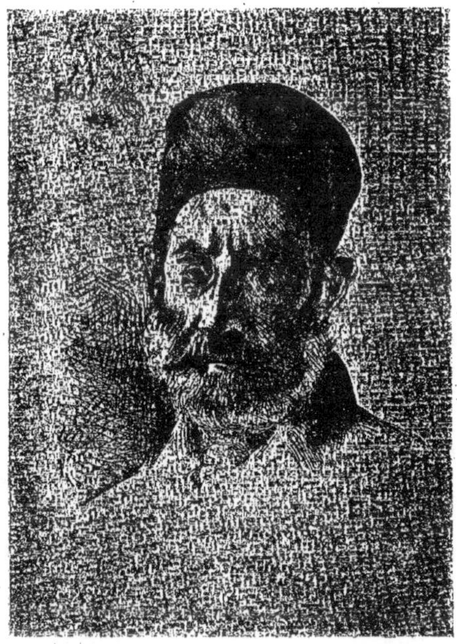

N° 261

253. L'Odalisque (20).

Très belle épreuve.

254. La Convalescente (21).

Belle épreuve.

255. Le Baïlarin (31).

Très belle épreuve.

MANET (Édouard)

256. Olympia (37).

Très belle et fort rare épreuve du 1er état à *l'eau-forte pure.*

257. Le Rêve du Marin (42).

Très belle épreuve.

258. Les Chats (43).

Très belle épreuve sur japon.

259. Eva Gonzalès (44).

Très belle épreuve sur japon, avec annotation manuscrite de Ph. Burty.

260. Frontispice inédit (48).

Très belle épreuve avec la mention, de la main de Ph. Burty : « *Inédit. Tiré à 2 épreuves* ».

261. Manet père, 1re planche (50).

Très belle épreuve. Fort rare.

262. L'Enfant à l'Épée, tourné à gauche (52).

Superbe épreuve.

263. L'Enfant à l'Épée, 1re variante (53).

Superbe épreuve sur japon. *Seule épreuve connue.*

264. L'Enfant à l'Épée, 2me variante (54).

Très belle épreuve sur papier ancien (piqûres). *Seul exemplaire connu.*

265. La Marchande de Cierges (56).

Superbe et fort rare épreuve du 1er état, à *l'eau-forte pure.*

266. Le Christ aux Anges (59).

Très belle et fort rare épreuve du 1er état, sur chine volant.

267. Au Prado (62).

Très belle et fort rare épreuve du 1er état.

268. Le Lapin (64).

Superbe épreuve. De toute rareté (3 épreuves connues).

269. Le Ballon (76).

Superbe épreuve. De la plus grande rareté.

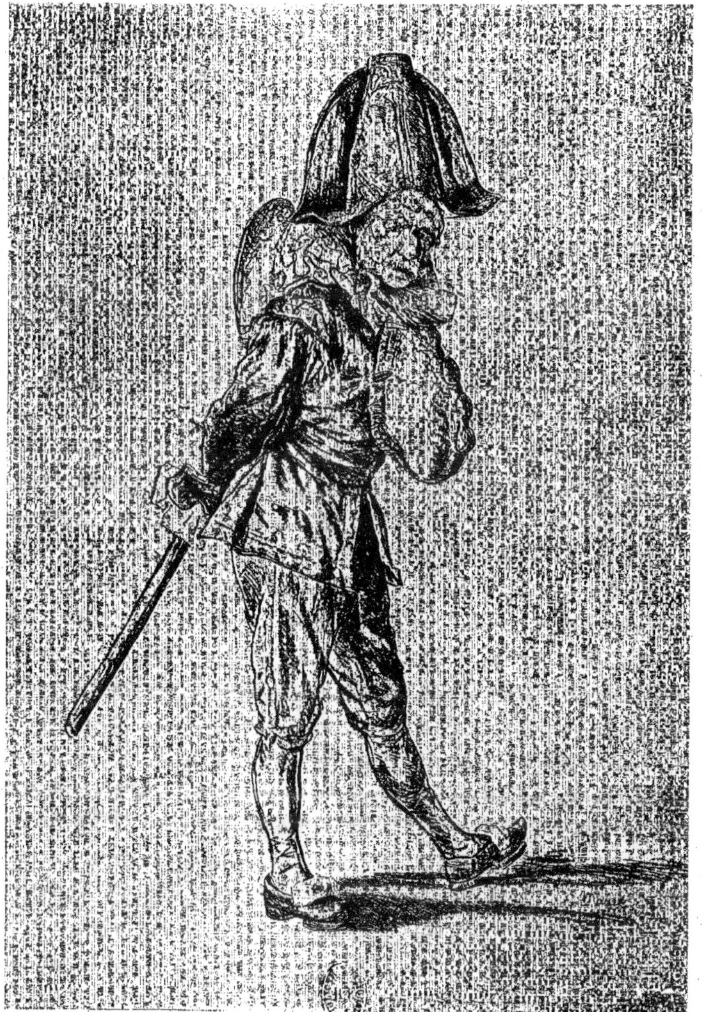

N° 282

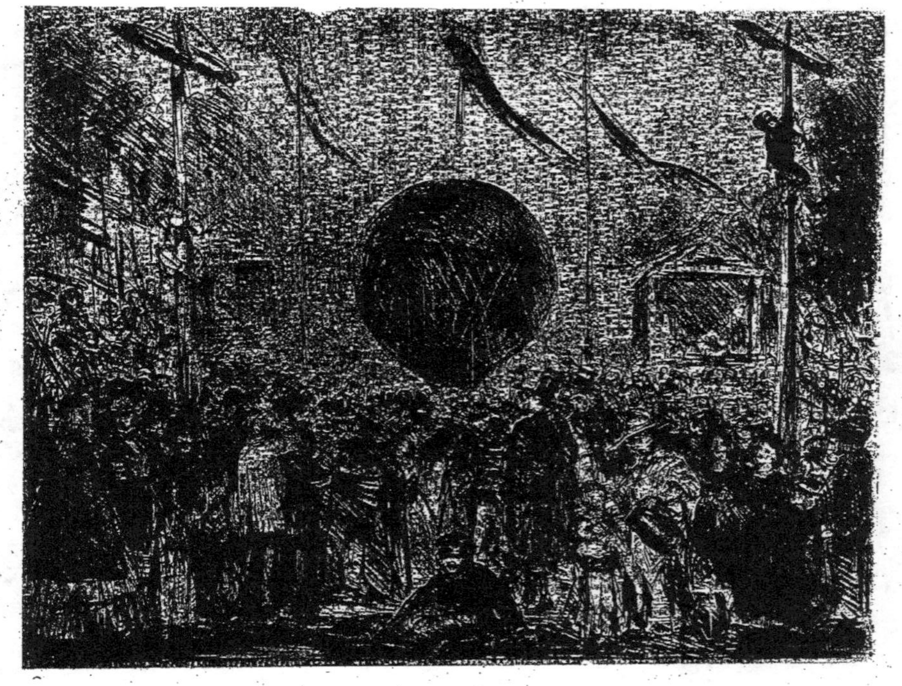

N° 269

MANET (Édouard)

270. Plainte moresque, titre de romance (78).

Très rare épreuve du 1er état, *bon à tirer*, avec le *croquis de la lettre de la main de Manet.*

271. L'Exécution de l'Empereur Maximilien (79).

Très belle épreuve du 1er état, sur chine.

272. Le Rendez-vous des Chats (80).

Très belle épreuve, *avant la lettre*, sur chine. Très rare.

273. La même estampe.

Très belle épreuve sur blanc. Très rare.

274. Guerre civile (81).

Très belle épreuve du 1er état, *avant la lettre*, sur chine.

275. La même estampe.

Deux belles épreuves du 2e état (une courte de marges).

276. La Barricade (82).

Superbe épreuve du 1er état, *avant la lettre.*

277. Berthe Morisot (23).

Très belle épreuve du 1er état, sur chine.

278. Berthe Morisot, esquisse (84).

Très belle épreuve du 1er état, sur chine.

279. Les Courses (85).

Très belle épreuve. Rare.

280. Le Gamin (86).

Très belle épreuve du 1er état, *avant la lettre.*

281. La même estampe.

Très belle épreuve du 2e état.

282. Polichinelle (87).

Très belle épreuve de la planche noire seule, avec la mention manuscrite : *Épreuve unique E. M.*

283. La même estampe.

Épreuve *impr. en couleurs.* Encadrée.

MANET (Édouard)

284. Au Paradis (89).

Autographie. Très belle épreuve.

285. Tête de corbeau, (de face), et petits Chiens, autographie (96).

Très belle épreuve. De toute rareté.

286. La même pièce.

En même état sur chine, avec la mention de la main de Ph. Burty : *Janv. 75 deux épreuves sur chine.*

287. Olympia, par A. Prunaire (97).

Très belle épreuve sur japon.

288. La Parisienne, gravée par A. Prunaire (99).

Deux très belles épreuves des 2e et 3e états.

289. Portrait de Mme de Callias, par A. Prunaire (100).

Deux très belles épreuves des 1er et 2e état (une tirée en sanguine).

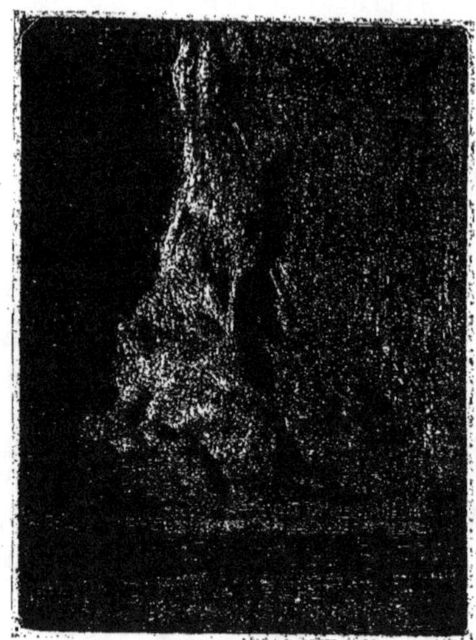

N° 268

MANET (Édouard)

290. ÉDOUARD MANET. EAUX-FORTES.

Couverture gravée, frontispice et suite complète de 9 pièces tirées en 1874, sur japon. — Exemplaire n° 24, paraphé par Manet.

291. Le Guitariste. — Lola de Valence. — Polichinelle, reproduction Michelet. — Portrait de Gustave Courbet, fac-simile d'un dessin à la plume.

Quatre pièces.

MILLET (J. F.)

292. Bêcheur au repos. — Bêcheur au travail. — Femme vidant un seau. — La grande Bergère, partie centrale.

Quatre pièces, tirages postérieurs.

MORISOT (Berthe)

293. Le Dessin.

Pointe sèche. Très belle épreuve.

294. La Fillette au chat.

Pointe sèche. Très belle épreuve.

295. Le Repos.

Pointe sèche. Très belle épreuve.

296. Étude de nu.

Pointe sèche. Très belle épreuve.

297. Le Cygne et le Canard.

Pointe sèche. Très belles épreuves.

298. Les Canards.

Deux pointes sèches. Très belles épreuves.

299. L'Étang au Bateau.

Pointe sèche. Très belle épreuve.

PISSARRO (Camille)

300. Le Chemin creux.

Très belle épreuve.

PISSARRO (Camille)

301. Le Marché.

Très belle épreuve *d'état*.

302. La Foire.

Très belle épreuve.

303. Les Meules.

Deux très belles épreuves.

304. La Paysanne à la brouette, 1880.

Huit épreuves *d'états* ou *d'essai*.

305. Le Paysan au repos.

Deux états. Trois très belles épreuves.

306. Paysanne sur la route.

Deux très belles épreuves.

307. La Pluie dans les champs.

Très belle épreuve.

308. Le Sein.

Très belle épreuve.

309. Le Vallon.

Pièce en forme de frise, 2 états. Très belles épreuves.

310. Le Village à travers les arbres.

2 états. Trois épreuves (une *signée*).

311. Coins de Paysages.

Sept pièces y compris un double. Belles épreuves.

PISSARRO (Lucien)

312. Sujets divers.

Dix pièces d'après C. Pissarro et L. Vellay, sur Japon.

RAFFET (Aug.)

313. Catalans sur la Rambla (H. Giacomelli 72) avant l. l. — Le Drapeau du 17me léger (83).

Deux pièces.

RAFFAELLI (J. F.)

314. Le Vieux Chiffonnier, 1880.

Belle épreuve.

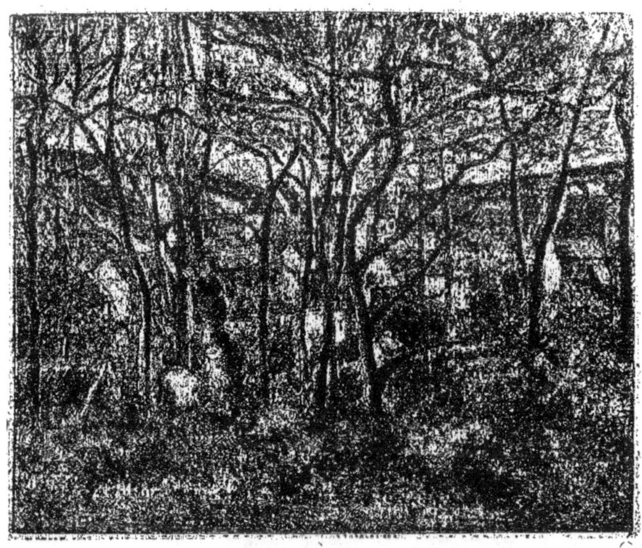

N° 310

VALADON (Suzanne)

315. La Toilette.

Trois pièces, *signées*.

WHISTLER (J. M. N.)

316. Limehouse, (E. G. Kennedy 40).

Très belle épreuve.

WHISTLER (J. M. N.)

317. Eagle Wharf (Tysac, Whiteley et Co) (41).

Très belle épreuve.

318. Black Lion Wharf (42).

Très belle épreuve du 2e état (sur 5).

319. The Pool (43).

Très belle épreuve sur japon.

320. Thames Police (44).

Très belle épreuve sur japon.

321. The Lime Burner (46).

Très belle épreuve.

322. Alderney Street (238). — Jeune Homme assis. (Reproduction).

Deux pièces.

323. Chelsea Rags (T. Way 22).

Belle épreuve.

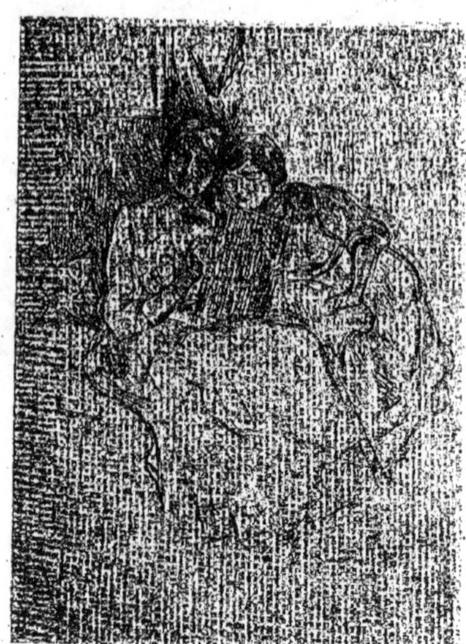

N° 293

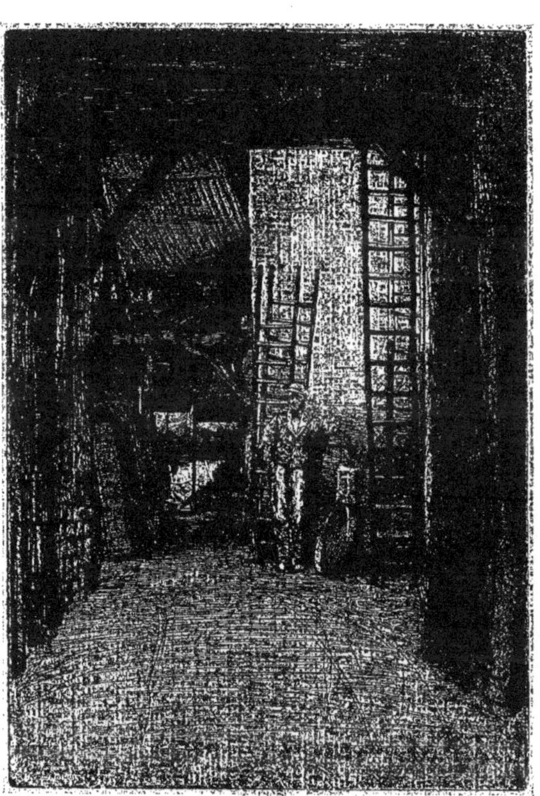

N° 321

JAPON

KIONAGA

324. Le Bain des Femmes.

Très rare. Encadré.

325. HIAKOUNING-JORO SHINA-SADAME (Cent qualités de Femme).

Deux Albums par Sikenobou, 1723. (Manquent un peu de conservation.)

OUTAMARO

326. Le Passage du gué.

Triptyque.

327. Promenade en barque.

Triptyque.

HIROSCHIGHÉ

328. Paysages.

Quarante-deux pièces, la plupart par Hiroschighé.

329. Singes. — Oiseaux divers. — Fleurs. — Poissons. — Langouste. — Paysages.

Quinze *dessins*, plusieurs lavés d'aquarelle. *Ce numéro sera divisé.*

330. Sous ce numéro, il sera vendu en plusieurs lots, quarante et une pièces par Yeizan, Outamaro, Shuntsho, Yeisho, Toyokouni, Shunman, Hokusai, etc...

(une encadrée)

331. Sous ce numéro, il sera vendu en plusieurs lots, 14 albums.

332. PEINTURE CHINOISE (XVIIIe siècle), montée en Kakiemono.

DIVERS

333. Sous ce numéro il sera vendu 62 pièces anciennes et modernes

www.ingramcontent.com/pod-product-compliance
Lightning Source LLC
LaVergne TN
LVHW010621110826
845149LV00003B/1002

* 9 7 8 2 0 1 3 7 0 9 2 9 3 *